AF258179

CONSIDÉRATIONS

SUR

LES INDES ORIENTALES

ET LEUR COMMERCE.

1789.

A NOSSEIGNEURS

LES ÉTATS-GÉNÉRAUX.

NOSSEIGNEURS,

EN offrant ce travail à la Nation, mon desir a été de lui être utile, & si votre

A 2

suffrage couronne mon zele patriotique,
j'applaudirai à mes efforts, & me glorifie-
rai du titre de citoyen.

Je suis avec respect,

NOSSEIGNEURS,

Votre très - humble &
très - obéissant serviteur,

L. D........Y.

Au service de l'ancienne Compagnie des
Indes, à Paris, à l'Orient, dans l'Inde, &
sur ses vaisseaux, depuis 1754.

Paris, 1789.

CONSIDÉRATIONS

Sur la différence de l'exploitation du commerce des Indes Orientales & de la Chine, par un privilége exclusif, ou par une liberté indéfinie, telle que pour celui de nos isles de l'Amérique.

LA France, & même toute l'Europe connoît les malheurs, les fautes & les intrigues qui ont opéré, en 1769, la suspension du privilége de l'ancienne Compagnie des Indes; &, depuis cette époque, jusqu'en 1785, l'expérience a aussi éclairé sur les avantages & les pertes que le commerce national a rencontrés dans la liberté qui a succédé à cette suspension.

Il faut donc croire que dans ce dernier moyen d'exploitation la balance n'a pas été égale, puisque le corps du commerce a permis que douze capitalistes ayent présenté au ministre des finances, en 1785, un prospectus de phantôme de compagnie pour éteindre cette liberté, sans faire revivre le régime de l'ancienne, qui en méritoit véritablement le nom.

Un tel silence attefte, sans aucune équivoque, que le commerce des Indes Orientales ne peut avantageufement ni politiquement fe faire, fans un privilege exclufif (1) ; mais en même temps il faut affirmer que celui qui eft aujourd'hui en activité ne peut conftituer une Compagnie des Indes, mais feulement une entreprife favorifée par le gouvernement pour exploiter cette branche de commerce, ce qui eft une injuftice envers la nation, car il ne peut y avoir de milieu, & il faut ou une liberté indéfinie, ou un privilege important. Or la liberté a bien des partifans, pourvu qu'elle foit entiere ; c'eft-à-dire, que tous les ports du royaume foient indiftinctement des lieux d'armement & de défarmement pour les colonies orientales, & que celui de l'Orient ne foit plus le terme redoutable pour le déchargement des vaiffeaux de tous les armateurs.

Les villes de Bordeaux, de Nantes, du Havre, de Marfeille & de la Rochelle ne veulent connoître de liberté qu'à ce prix ; & la ville de

____

(1) Malgré le préjugé attaché au mot privilege.

(7)

l'Orient ne cesse d'implorer la protection du gouvernement pour que le local de son port ne soit pas frustré du retour des trésors de l'Inde, puisque son existence y est spécialement attachée, & que sans cette ressource elle devra visiblement dépérir , & perdre la célébrité qui lui a si justement acquis l'exercice du privilege de l'ancienne Compagnie des Indes.

Il est donc question de résoudre ces deux problêmes, savoir : si la liberté indéfinie du commerce particulier est préférable à un privilege exclusif, ou bien si ce privilége , entendu dans sa véritable signification, c'est-à-dire exploité , non-seulement comme il l'a été par l'ancienne Compagnie des Indes , mais encore avec les bonifications dont il est susceptible, n'est pas , en tous sens, plus avantageux que la liberté indéfinie de ce commerce, ou l'exercice du privilege que nous voyons aujourd'hui en activité.

Nous poserons pour base que l'auteur de ces réflexions, étranger à tous les intérêts particuliers qui peuvent militer pour ou contre, sur les avantages de ces deux propositions , ne reconnoîtra que ceux qui sont évidens pour la nation , & que, sans nulle partialité, il n'écoutera que la raison, pour faire parler la justice.

Depuis 1769 jusqu'en 1785 le commerce

A 4

des Indes orientales s'eſt fait par des armateurs particuliers dont quelques-uns peuvent avoir proſpéré, mais dont la majeure partie a eſſuyé des pertes plus ou moins conſidérables, ou s'eſt eſtimée très-heureuſe de ſe retirer au pair : à la vérité, la gêne à laquelle étoient aſſujettis les armateurs, pour le déchargement de leurs vaiſſeaux au port de l'Orient, a néceſſairement dû faire une différence qu'on peut aiſément élever juſqu'à ſix & huit pour cent, ce qui eſt très-conſéquent, en raiſon des fonds conſidérables qu'entraînent ces ſortes d'expéditions : or, c'eſt la ville de l'Orient qui a profité de la moitié au moins de ces frais extraordinaires, par les commiſſions que lui ont procuré & les déchargemens des vaiſſeaux, & la vente des marchandiſes ; donc, cette ville a raiſon de regarder tout privilége partial ou une liberté indéfinie pour le commerce des Indes, comme oppreſſeur, & de deſirer que les choſes reviennent ſur le pied qu'elles étoient avant 1785. Mais aujourd'hui ce n'eſt plus la municipalité de l'Orient qui défend ſes droits vis-à-vis des députés du commerce de Guienne, ainſi qu'on l'a vu en 1775, c'eſt la nation aſſemblée qui peſe les intérêts de tous, pour n'en former qu'un ſeul, & que nulle conſidération ne peut fléchir, ſi le tout doit ſacrifier à la partie.

Le commerce de Guienne, celui de Provence, du Hâvre, de Nantes, de Saint-Malo & de la Rochelle, ne cesse de dire à haute voix que si la nation lui accorde la liberté indéfinie du commerce des Indes orientales, il est prêt à s'y livrer sans crainte de concurrence, & il se flatte de réussir; ainsi voilà la ville de l'Orient aux abois, parce que la nation ne peut commettre l'injustice de préférer les intérêts de cette seule ville à ceux de toutes les autres maritimes comme elle, & non moins dignes de son attention. D'ailleurs il est absolument connu que la position de la ville de l'Orient n'est point avantageuse à des débouchés d'approvisionnemens d'outre mer, puisqu'elle ne retire aucunes ressources de sa province qui est entiérement pauvre dans cette partie; aussi ce seul défaut porte-t-il dans un armement particulier fait pour l'Inde à l'Orient, une différence de dépenses de cinq à six pour cent en plus, vis-à-vis d'un autre qui seroit fait dans les ports de Nantes, Bordeaux & Marseille, où les ressources sont présentes & de la premiere main; mais, dira-t-on, la compagnie des Indes sera aussi assujettie aux mêmes inconvéniens. Non, la conséquence n'est pas juste, en ce que cette perte n'en peut être une pour elle, puisqu'elle est calculée d'avance dans ses expéditions,

& qu'elle n'a point de concurrence à combattre.

La raison & la justice autorisent donc à prononcer que, la liberté du commerce de l'Inde étant indéfinie, le sacrifice des intérêts d'une seule ville de la Bretagne, ou pour parler le langage sévere de la vérité, de ceux de huit ou dix maisons de commerce de cette ville, peut procurer quelques avantages à plusieurs autres; mais que sont & que peuvent être aux yeux de la nation les avantages de cinq à six places maritimes, en comparaison de la masse du commerce intérieur, qui, par ses rameaux infinis, alimente le royaume de tous les objets possibles de consommation? Que peuvent être encore les intérêts de ces cinq ou six places maritimes, vis-à-vis des charges que l'état aura à soutenir, tant pour la difficulté de la perception des droits d'entrée de ces marchandises dans le royaume, que pour les frais d'entretien de nos colonies orientales? Deux grandes questions à examiner pour établir un jugement que la nation doit prononcer sans appel.

Lorsque les désarmemens des vaisseaux venant des Indes se feront dans les ports de France d'où ils auront été expédiés, les ventes de ces retours y seront faites aussi sans doute

par les propriétaires, & dès-lors les négocians
de l'intérieur du royaume seront assujettis à
avoir autant de commissionnaires qu'il y aura
de ports où les ventes auront lieu , ce qui
formera un objet de frais de plus , & une as-
surance de moins sur la qualité de l'assortiment
dont ces négocians auront besoin. Un second
inconvénient non moins conséquent encore pour
ces mêmes négocians, sera leur perplexité dans
leurs spéculations ; car si un de Paris ordonne
des achats à Bordeaux , & que , mal informé par
des bulletins qui ne seront pas toujours exacts,
sur-tout pour la qualité réelle des marchandises,
il se trouve à prix égal être inférieur avec son
voisin qui pourra avoir fait) pareille demande
au Hâvre , ou ce voisin aura peut-être été plus
fidélement servi , ou seulement parce que l'armateur du Hâvre aura été plus heureux & mieux
secondé par ses commettans aux Indes dans l'a-
chat de sa cargaison, ce premier négociant de
Paris tombera dans une commise qu'il auroit
sûrement évitée, si la vente générale de toutes
les marchandises de l'Inde s'étoit faite à une
époque déterminée & dans un même lieu, soit
par dix armateus différens , soit par un privilege exclusif; car il doit peu lui importer de
savoir sous quelle dénomination peut se faire

ce commerce, pourvu qu'il trouve à se procurer ses assortimens, & qu'il fasse ses achats
à l'enchere; direction bien essentielle à la sûreté
de ses spéculations & à l'assise de ses bénéfices généraux, sans cela le commerce intérieur du royaume aura toute l'année, ou des
commissionnaires en route, ou sera assujetti à
une correspondance dispendieuse & inquiétante
pour le service de ses magasins, sans que l'é-
preuve d'une année puisse fixer ses idées pour
la suivante; inconvénient qui fait appercevoir
plus de risques que d'avantages pour la masse
de notre commerce intérieur, & qui détermine
absolument la balance en faveur d'un point de
réunion pour les ventes annuelles des marchandises qui peuvent arriver des Indes orientales;
or, que ce soit la ville de l'Orient qui ait la
préférence de cette réunion par le local avantageux de son port & de ses magasins, ou que
ce soit un privilege exclusif qui embrasse ce
commerce dans ce même port, le négociant
adjudicataire ne pourra qu'applaudir à la sagesse
de ce plan de réunion, parce qu'il sera tran-
quillisé sur ses craintes, & qu'il pourra travailler
avec la même confiance dont il a fait usage
jusqu'à ce jour, pour l'intelligence & la pros-
périté de son commerce.

Cette premiere queſtion réſolue en faveur du commerce intérieur du royaume, il faut examiner la ſeconde relativement aux intérêts du gouvernement, qui ne ſont autres que ceux de la nation. Or ſi, comme on l'a déjà dit, les déſarmemens des vaiſſeaux venant des Indes ſe font dans les différens ports de France d'où ils auront été expédiés, le fiſc du gouvernement ſera tenu d'avoir dans ces différens ports des bureaux d'entrepôts aſſez ſpacieux pour y emmagaſiner ces marchandiſes, & un ſupplément conſidérable d'employés pour la perception des droits auxquels elles ſeront aſſujetties. Voilà donc un accroiſſement dans les frais de la régie, ſans trouver de dédommagement dans la maſſe de la recette ; car il ne faut pas aſſimiler les eſpeces de denrées venant des Indes orientales, à celles que produiſent nos colonies de l'Amérique ; & tel local propre à ces dernieres ne peut abſolument convenir aux premieres, qui ont beſoin de magaſins vaſtes, propres & commodes pour leur bénéficiement & la diſpoſition de leur vente. Ainſi le fiſc aura autant d'entrepôts que chaque armateur poſſédera de magaſins épars çà & là dans ſa ville, pour conſtater l'état & le ſort des marchandiſes qui ſeront entrepoſées.

Obligation également onéreuſe & au fiſc

& à l'armateur, & par la division de la perception des droits imposés, & par la gêne continuelle du service journalier des deux parties aussi opposées.

D'après cette assertion on conviendra sans doute que la liberté indéfinie du commerce des Indes se trouve être, en Europe, en contradiction avec les intérêts du gouvernement, puisqu'il les altere par une augmentation de frais que ne comporte pas ce même point de réunion qui paroît déjà préférable à adopter pour le bien-être, du commerce intérieur du royaume, & l'emploi des superbes magasins que possede ce commerce au port de l'Orient.

Si encore le gouvernement n'avoit que cette seule considération à mettre en opposition pour proscrire la liberté indéfinie du commerce particulier aux Indes Orientales, cette considération seroit insuffisante pour en autoriser le sacrifice ; mais il est un objet majeur qu'aucun poids ne peut contrebalancer, c'est celui des dépenses de souveraineté & d'entretien de ces mêmes colonies ; ce sont ces isles de France & de Bourbon qui coûtent des sommes immenses sans aucun rapport pour le fisc ou la gloire de l'Etat; en un mot ce sont ces pays éloignés qui depuis 1769 coûtent au-delà de cent soixante millions à

l'Etat, & qui, abftraction faite des frais de la
guerre de 1756, n'en avoient pas coûté la moitié
à la Compagnie des Indes pendant les cinquante
années de l'exercice de fon privilege. C'eft donc
cette énorme différence qui doit attirer la plus
fcrupuleufe attention de la nation, puifque ni la
liberté indéfinie du commerce particulier, ni
l'exercice du privilege actuel de la nouvelle Compagnie des Indes ne peuvent, dans aucun fens
poffible, lui préfenter le plus léger équivalent de
ces confidérables dépenfes, & que même les
bénéfices de ce commerce ne balancent pas, aux
yeux de la nation, la valeur de ce facrifice. Or
il eft reconnu, en matiere de commerce, que
tant que le crédit eft inférieur au débit, ou
même ne fait que le balancer, l'opération devient onéreufe & qu'il faut l'abandonner. Ici le
commerce gagne, & le gouvernement perd ; fi
donc la perte du gouvernement, par la conféquence de fes dépenfes de fouveraineté pour nos
colonies Orientales, eft plus forte que les bénéfices que peut faire le commerce, lefquels bénéfices tiennent à mille événemens qui peuvent
d'un moment à l'autre les anéantir fans devoir
jamais lui affurer d'avantages fupérieurs, il s'en
fuit que la maffe générale des richeffes doit
diminuer, & former infenfiblement un vuide

dans l'Etat. Il eft conftant en même-temps que ce vuide ne fe trouvera pas dans le tréfor du roi, parce que les revenus de l'Etat y pourvoiront ; mais il exiftera dans l'avoir des individus fur lefquels feront exercés des impôts ou tous autres moyens pour fubvenir à la levée des fonds extraordinaires deftinés à ces dépenfes éloignées. Or les individus fur lefquels doivent tomber ces impôts n'étant pas les véritables intéreffés au commerce des Indes, il eft notoire qu'ils paient injuftement des faveurs que le gouvernement accorde à une entreprife dont les fruits ne font que pour une très-petite partie de la nation ; il eft bien plus notoire encore que ce capital de cent foixante millions & plus, dépenfé depuis vingt ans pour la fouveraineté de nos colonies Orientales, auroit été employé à d'autres objets, dont aujourd'hui le fardeau allégeroit d'autant la dette de l'Etat, d'où il faut tirer la jufte conféquence que, ni la liberté indéfinie, ou non, du commerce particulier, ni l'exercice du privilége actuel de la Compagnie des Indes, ne pouvant également fubfifter fans des facrifices auffi injuftes que douloureux pour la nation, leur réforme devient un acte de juftice que les états généraux ne peuvent fe difpenfer d'exercer. Refte à favoir maintenant fi, en matiere

politique

politique, il convient à un empire tel que la France de facrifier un numéraire certain à un commerce très-incertain, & fi l'honneur du pavillon François doit dépendre de la conferva-tion de deux ifles & de quelques lieues de terrein que poffede la France au-delà du Cap de Bonne-Efpérance ; fi cette politique prétend que cela foit abfolument néceffaire, il faut y foufcrire ; mais en même temps la raifon & la juftice difent hautement qu'on doit, dans une telle entreprife, allier la dignité avec l'économie, deux qualités qui ne feront point incompatibles, fi on veut s'affurer des moyens de les concilier.

Une feconde obfervation encore non moins conféquente que celle relative à l'honneur du pavillon François, eft de calculer 1°. fi en aban-donnant nos poffeffions au-delà du Cap de Bonne-Efpérance, il feroit avantageux à la nation de porter chez l'étranger notre numéraire pour des objets de luxe dont nous ne connoiffons que trop l'ufage, & dont il feroit bien difficile de commander le facrifice, lequel numéraire ne feroit pas le produit de l'échange de nos denrées territoriales, puifque jufqu'à préfent nous ne pouvons au plus que maintenir la balance de nos échanges refpectifs. 2°. Si par cet abandon nos manufactures, tant en objet d'exportation

que de confommation intérieure n'en fouffri-
roient pas , & fi, malgré les foins les plus vi-
gilans , il ne s'introduiroit pas dans le royaume,
par la voie de la fraude , les mêmes marchandifes
dont on voudroit aujourd'hui profcrire l'entrée
par celle de notre navigation ; car habitués à
ce luxe, il deviendroit par fa prohibition un objet
plus preffant de defirs pour les riches & de
cupidité condamnable pour les individus qui ,
au mépris des peines portées , fe livreroient à
ce commerce clandeftin.

' Il faut aller plus loin encore , & dire , en
abandonnant le commerce de l'Inde , que va'
devenir une grande partie de notre marine ? car
cette navigation pénible & longue emploie beaucoup de matelots & en forme d'excellens : ils
demeureront , répondra-t-on , à travailler la
terre , & formeront des cultivateurs dont on a
grand befoin , puifque le luxe des riches en
enleve une fi grande quantité pour leur fervice ;
ainfi nous aurons des ports formidables fur les
deux mers , avec de fuperbes vaiffeaux fans
hommes pour les monter ; ainfi la France toujours refpectée comme puiffance maritime &
territoriale , ne fera plus que la derniere pour
devenir tributaire de fes voifins , & la nation
retombée dans l'inertie du miniftere du cardinal

de Fleuri, végétera fur fes foyers, & ne pourra p'us être comptée au nombre des puiffances reçués dans la balance des forces maritimes & commerçantes. Il eft déjà trop vrai que notre marine n'eft que trop diminuée, & les matriculés des claffes en offrent une preuve non équivoque. Nous avons beaucoup de bâtimens de guerre, & au lieu de foixante-dix mille matelots que devroit avoir la France pour les armer, elle peut à peine en compter quarante-cinq mille en état de fervir : mais cette partie de la marine royale & les intérêts de nos colonies de l'Amérique étant des objets étrangers à ce mémoire, l'auteur en quitte les détails pour revenir à fon plan, & dire que la dignité & l'économie dans l'exploitation du commerce de l'Inde, ne feront point deux qualités incompatibles, quand on voudra s'affurer des moyens de les concilier.

Remontons, pour y parvenir, vers les premiers temps de l'ancienne Compagnie des Indes, & fuivons-en la marche jufqu'à l'époque malheureufe de la guerre de 1756. Que verrons-nous ? Des fuccès dans tous les genres, un commerce floriffant, un crédit fans bornes, huit cents vaiffeaux expédiés pour les Indes & la Chine, dans les cinquante années de l'exercice de son privilege, un corps de marine choisi, des marchands devenus aux Indes habiles dans la tactique militaire par la saine connoissance de la politique de leur local, & des mœurs de l'Indostan; nous verrons deux isles, dont une déserte, & l'autre habitée par des forbans, devenues civilisées & agricoles : mais aussi ployées sous un joug qu'elles ont autrefois chéri, & qu'elles chériroient encore sans les malheureuses émigrations que le gouvernement royal & la liberté du commerce ont autorisées dans ces deux isles ; & pour tous ces succès, & pour l'inauguration de ces isles, & pour ces riches édifices de l'Inde & ces superbes magasins qui ont donné & donneront toujours de la célébrité à la ville de l'Orient, qui seroit encore un hameau sans la compagnie des Indes ; qu'en a-t-il coûté à l'état ? Rien. Disons mieux : quels services ne lui a-t-elle pas rendus ? Ils sont bien connus ces services ; aussi n'est-il pas un seul citoyen impartial qui ne doive tous les jours reprocher au ministere la facilité avec laquelle il a en 1769, engagé le souverain à prononcer la suspension de son privilege.

Si donc, d'après la comparaison de ces deux tableaux, & l'exemple de la conduite de nos voisins dans la forme de l'exploitation du commerce des Indes Orientales, malgré la différence de la constitution de leurs gouvernemens, la nation détermine que ce commerce ne peut avantageusement ni honorablement se faire sans l'exercice d'un privilege exclusif ; il faut qu'elle en pose les fondemens sur une base solide, & entièrement à l'abri des vicissitudes de l'intérêt particulier ; il faut que ce privilege soit celui d'une compagnie nationale, & non un privilege oppresseur pour la masse, & favorable au plus petit nombre ; il faut enfin qu'elle fasse concorder dans toutes les parties les intérêts des actionnaires avec ceux de l'état, afin que le tout, intimement lié, ne laisse plus appercevoir cette balance dont le passif ne peut être rempli que par des sacrifices d'autant plus à charge pour la nation, que les fruits lui en sont pour ainsi dire étrangers. Or, pour parvenir à ce but, le premier point sera la réforme entiere des abus sans nombre dont régorgent les isles de France & de Bourbon ; le second sera la forme de son administration, tant en Europe qu'aux Indes ; & le troisieme l'ordre de la répartition des actions qui devront composer le capital de cette compagnie.

Par la réforme des abus aux isles de France & de Bourbon, on entend ; 1°. la suppression absolue de tout commerce particulier avec l'Europe & l'Amérique ; 2°. celui d'Inde en Inde & de la Chine pendant quelques années , pour opérer insensiblement , & sans porter atteinte à la liberté individuelle , la retraite volontaire d'un nombre considérable de consommateurs qui , tombant par ce régime dans une inaction préjudiciable à leurs intérêts , abandonneront ces isles pour ne les laisser habitées que par des Colons , des employés de la compagnie des Indes , & les troupes qui y seront entretenues ; 3°. enfin une administration commerçante à laquelle l'épée & la plume seront également subordonnées ; alors ces deux isles redeviendront ce qu'elles ont été , & ce qu'elles n'auroient jamais dû cesser d'être ; des isles nourricieres , & précieuses à l'humanité par leur salubrité , & les rafraîchissemns dont elles aboderont quand elles seront administrées suivant le véritable esprit de leur position.

Le second point devra tenir en entier du régime de l'ancienne administration de la compagnie des Indes , tant pour le nombre de ses syndics que pour celui de ses directeurs, la forme, & l'ordre de ses bureaux, le détail du travail, le tableau & les privileges de sa marine, & de ses officiers de troupes dans les Colonies & à l'Orient; enfin

dans une souveraineté active qui ne pourra dépendre que de l'autorité suprême du souverain.

Le troisieme point consistera à rendre la nation actionnaire par les intérêts que les diverses
chambres de commerce des villes du royaume
pourront y prendre, pour donner à leurs députés
à Paris le droit du syndicat, d'après un tarif
sur lequel il sera convenu quelle quantité d'ac-
tion sera nécessaire pour jouir de cet hono-
rable avantage, & les deux tiers de ces places
ne pourront être occupés que par ces députés.
Les directeurs seront, avec des honoraires an-
nuels & des pouvoirs, toujours subordonnés
aux syndics qui seront les chefs de l'administration de la compagnie.

Mais avant la confection de tous ces détails
& l'incorporation du capital de la compagnie
des Indes actuelle, avec celui de celle nationale
& souveraine dont il est question dans ces réflexions, il sera essentiel de proposer au gouvernement une bonification sensible sur les huit
millions & plus de dépenses que lui coûte la
souveraineté des colonies orientales, lesquels
pourront être d'abord réduits à trois pour les
premieres années de l'exercice de son privilege;
& sur le bilan qui sera présenté à la prochaine

B 4

assemblée des états généraux, la nation déterminera la diminution qu'elle devra faire sur la
somme de ces premieres avances, & d'époques
en époques, & à mesure que le commerce
de cette compagnie prendra du nerf & de l'éner-
gie, non-seulement elle éteindra ces avances ,
mais même elle les recouvrera peu-à-peu , & en
proportion de l'intelligence & de l'économie
dont aura usé cette administration ; il y a même
lieu de croire que, sous un exercice de dix ans,
elle sera libérée envers la nation des dix ou
douze millions au plus qui lui auront été avan-
cés; puisque du moment de la création de cette
compagnie nationale & de la déclaration de sa
souveraineté, elle s'occupera d'une réforme judi-
cieuse dans ses possessions, & par cet ordre
se préparera les moyens assurés de conserver
à la France, sans aucuns frais, des colonies que
la position actuelle de la politique de l'Inde peut
rendre très - avantageuses, tant par le retour
d'un commerce florissant, que par une balance
nécessaire, pour ne pas dire indispensable vis-
à-vis de la puissance angloise, elle recréera un
nouveau corps de marine qui, à l'imitation
de l'ancien, saura aussi-bien conduire ses vaisseaux que les défendre contre les ennemis de
l'état. Enfin elle rendra à la ville de l'Orient

cette activité premiere, commune à tous les citoyens, & favorable à la province de Bretagne, que la liberté indéfinie du commerce particulier lui auroit indubitablement enlevée ; & s'il n'est pas hors de vraisemblance de tirer quelque conjecture flatteuse de la révolution de 1755, en faveur des Anglois, dans le Bengale, qui peut empêcher de croire aujourd'hui qu'une révolution pareille ne s'effectuera également sur la côte de Coromandel en faveur de la France ? Les doutes sont moins évidens pour nous qu'ils ne l'étoient alors pour eux à l'époque de cette révolution, & si la fortune, bien plus que leurs forces, les a rendus en très-peu de temps les souverains d'un pays dont ils venoient d'être chassés, nous qui ne sommes point sans forces & sans amis à la côte de Coromandel, ne devons-nous pas nous flatter que ces moyens, joints à une bonne politique, devroient plus naturellement amener en notre faveur une révolution également éclatante & d'autant plus desirable, qu'alors la balance de deux puissances rivales seroit absolument égale dans ces pays éloignés.

Mais, diront peut-être quelques partisans intéressés à la liberté indéfinie de ce commerce particulier, ou à l'exercice du privilege actuel,

si le gouvernement ne paie que trois millions
par an à la compagnie des Indes, pour subvenir
à des frais de souveraineté, qui lui en coûtent
huit, elle y emploiera donc les bénéfices de son
commerce, & alors la nation n'éprouvera aucun soulagement ? Ils pourront même ajouter
que si cette nouvelle compagnie, érigée depuis
1785, & comblée de faveurs par le gouvernement, sans autres frais que ceux absolument
inséparables de son commerce, ne gagne que six
millions dans les répartitions actuelles de son
dividende; il devra résulter, dans la comparaison,
que celle nationale & souveraine qu'on veut y
suppléer, en admettant les deux capitaux les
mêmes, n'en pourra bonifier qu'un à la nation,
en en faisant perdre cinq aux intéressés de la
compagnie; ce qui devient un objet assez digne
de considération, pour ne pas permettre d'in-
novation dans un plan de commerce, où les armateurs particuliers se persuadent trouver des
avantages. A cela, il faut répondre avec cette
certitude impartiale que donne l'amour de l'intérêt général, qu'en admettant les mêmes pro-
portions dans les capitaux & les bénéfices, la
nation gagnera incontestablement cinq millions
dans le nouveau système ; attendu que l'épargne
de ces cinq millions ne sera que l'effet de l'éco-

nomie de cette compagnie nationale dans l'adminiftration de fa fouveraineté , fans que fes
bénéfices puiffent en éprouver la moindre alté-
ration. Et c'eft ce que l'expérience démontrera
plus clairement après les deux premieres années
d'exercice du privilege de cette compagnie nationale & fouveraine ; mais pourquoi borneroit-
on le capital de cet intéreffant établiffement à
celui de quarante millions , & limiteroit-on
ainfi les facultés de fon induftrie ? Perfuadons-
nous au contraire que, plus elles feront confidérables , plus il aura d'activité , & moins les frais
en feront fenfibles. Ce doit donc être fur la
fomme des foufcriptions que la nation aura
autorifées dans un terme fixé, qu'elle pourra dé-
terminer le capital convenable à l'importance
de fon travail & de fa dignité.

Un mémoire adreffé au miniftre en 1776 fur
la néceffité du rétabliffement du privilege de
l'ancienne compagnie des Indes, & remis fous
les yeux de M. Necker en février dernier, avec
quelques additions, entre dans les plus grands
détails fur les moyens d'établir une économie
digne d'attention. L'auteur en démontre la poffi-
bilité phyfique, & la rend fi palpable qu'on ne
peut douter un inftant de fes bons effets. Il ne
faut , pour prendre une idée jufte de cette éco-

nomie, que calculer les dépenses du roi dans ces colonies éloignées, eu égard à la dignité de son service, & les ressources qu'il peut avoir pour y subvenir. Or, ces ressources ne consistent que dans son trésor, où se puisent sans cesse des fonds qui paient à des secondes & troisiemes mains des denrées que la compagnie nationale & souveraine aura toujours de la premiere. Car alors il n'y aura plus de concurrence ni de spéculations d'agioteurs sur la place de l'Isle de France pour disposer à leur gré des fonds du trésor du roi.

La seule compagnie des Indes aura le droit de vendre & d'acheter, & dès que l'ordre aura été une fois bien établi, & que les colons seront assurés de leurs approvisionnemens, & du débouché de leurs denrées territoriales ; ces deux isles seront ce qu'elles doivent être, & leur souveraineté peu dispendieuse.

Le commerce de la compagnie profitera de toutes les variations qui enrichissent journellement ces agioteurs inutiles aux dépens de l'état, & la nation en recueillera visiblement les fruits, par les bénéfices assurés qu'elle retirera sur les cafés & autres productions de mercantille ou de consommation que produisent ces deux isles.

Les mêmes avantages se rencontreront aussi

fur les côtes de Malabard , de Coromandel &
dans le Gange ; parce que le commerce & la fouveraineté étant réunis fous une feule & même
adminiftration , on n'aura point à redouter l'autorité de la derniere contre l'intelligence &
l'induftrie du premier ; confidération fi impor-
tante , qu'il eft prefque impoffible d'en calculer
la valeur. Ce fera donc à l'expérience à la faire
connoître , & fi on doit juger du paffé & du
préfent pour l'avenir , il eft conftant que la nation fe déterminera à adopter le plan du privilege d'une compagnie des Indes nationale & fouveraine , par préférence à toute entreprife affu-
jettie à des pouvoirs divifés , dont les chocs né
peuvent être égaux , & dont le plus foible doit
toujours devenir la victime.

Tout tient donc à l'expérience , & puifque
celle pratiquée fous le privilege de l'ancienne
compagnie des Indes , qui étoit tout à la fois
fouveraine & commerçante , loin d'être nui-
fible à l'état , lui a été avantageufe , tandis que
celle éprouvée depuis la fufpenfion de ce même
privilege jufqu'à préfent lui a été à charge ;
tout citoyen dépouillé d'intérêt particulier
& du préjugé du mot privilege doit fe per-
fuader que la raifon & la juftice détermine-
ront la nation à rappeller cette premiere expé-

rience pour proscrire la derniere ; & quels succès ne doit-on pas en attendre ? Lorsque cette révolution sera le résultat du travail & des sages réflexions de la nation assemblée, dans l'élite de ses membres, dont l'étude & l'attention tendent entiérement à la réforme des abus dans toutes les parties, & à la perfection de la constitution de notre gouvernement.

De tous les écrits qui ont paru depuis qu'il est question de l'auguste assemblée des états généraux de cet empire, pas un seul citoyen n'a traité cette matiere, malgré son importance. J'ai donc osé l'entreprendre, plus par zele peut-être, que par une connoissance parfaite des véritables intérêts du commerce, collectivement avec ceux de l'état : mais si mes réflexions qu'aucun motif d'intérêt particulier n'a dictées, peuvent ouvrir une carriere praticable à quelques génies administrateurs & patriotes, pour présenter aux états généraux un plan digne de leur approbation, j'aurai rempli mon but & le devoir de citoyen.

L. D.... Y.

Paris, juillet 1789.

Vu & approuvé, BRUYS DE VAUDRAN, Censeur Royal.

De l'imprimerie de L. M. CELLOT, rue des Gr. August.